NIVEL 4

COLECCIÓN **LEER EN ESPAÑOL**

Letra muerta

Juan José Millás

SANTILLANA
ESPAÑOL

Universidad de Salamanca

La colección LEER EN ESPAÑOL ha sido concebida, creada y diseñada por el Departamento de Idiomas de Santillana Educación, S. L.

La adaptación de la obra *Letra muerta*, de Juan José Millás, para el Nivel 4 de esta colección, es de Helena González Vela.

Edición 1993
Coordinación editorial: **Silvia Courtier**
Dirección editorial: **Pilar Peña**

Edición 2008
Dirección y coordinación del proyecto: **Aurora Martín de Santa Olalla**
Edición: **Aurora Martín de Santa Olalla, Begoña Pego**

Dirección de arte: **José Crespo**
Proyecto gráfico: **Carrió/Sánchez/Lacasta**
Ilustración: **Jorge Fabián González**
Jefa de proyecto: **Rosa Marín**
Coordinación de ilustración: **Carlos Aguilera**
Jefe de desarrollo de proyecto: **Javier Tejeda**
Desarrollo gráfico: **Rosa Barriga, José Luis García, Raúl de Andrés**
Dirección técnica: **Ángel García**
Coordinación técnica: **Fernando Carmona, Marisa Valbuena**
Confección y montaje: **María Delgado, Antonio Díaz**
Cartografía: **José Luis Gil, Belén Hernández, José Manuel Solano**
Corrección: **Gerardo Z. García, Nuria del Peso, Cristina Durán**
Documentación y selección de fotografías: **Mercedes Barcenilla**
Fotografías: **Archivo Santillana**

© de la obra original, 1983 by Juan José Millás
© 1993 by Universidad de Salamanca y Santillana, S. A.
© 2008 Santillana Educación
Torrelaguna, 60. 28043 Madrid
En coedición con Ediciones de la Universidad de Salamanca

Aunque se hayan tomado todas las medidas para identificar y contactar a los titulares de los derechos de autor de los materiales reproducidos en esta obra, no siempre ha sido posible. La editorial se dispone a rectificar cualquier error de esta naturaleza siempre y cuando se lo notifiquen.

Embora todas as medidas tenham sido tomadas para identificar e contatar os titulares dos direitos autorais sobre os materiais reproduzidos nesta obra, isto nem sempre foi possível. A editora estará pronta a retificar quaisquer erros desta natureza assim que notificada.

Dados Internacionais de Catalogação na Publicação (CIP)
(Câmara Brasileira do Livro, SP, Brasil)

Millás, Juan José
  Letra muerta / Juan José Millás —
São Paulo : Moderna, 2011. — (Coleccíon leer en español)

  1. Ficção espanhola I. Título. II. Série.

11-11098	CDD-863

Índices para catálogo sistemático:
  1. Ficção : Literatura espanhola   863

ISBN: 978-85-16-07358-9
CP: 920953

Reprodução proibida. Art.184 do Código Penal e Lei 9.610 de 19 de fevereiro de 1998.
Todos os direitos reservados.

SANTILLANA ESPAÑOL
EDITORA MODERNA LTDA.
Rua Padre Adelino, 758 — Belenzinho
São Paulo — SP — Brasil — CEP 03303-904
Central de atendimento ao usuário: 0800 771 8181
www.santillana.com.br
2018
Impresso no Brasil

Impressão: PSI7
Lote: 11359

Quedan rigurosamente prohibidas, sin la autorización escrita de los titulares del «Copyright», bajo las sanciones establecidas en las leyes, la reproducción total o parcial de esta obra por cualquier medio o procedimiento, comprendidos la reprografía y el tratamiento informático, y la distribución de ejemplares de ella mediante alquiler o préstamo públicos.

Juan José Millás nació en Valencia en el año 1946, pero ha vivido siempre en Madrid, donde estudió Filosofía y Letras en la Universidad Complutense. Escritor hoy día conocido tanto a nivel nacional como internacional, recibió en 1974 el Premio Sésamo de novela corta por Cerbero son las sombras *y ganó el Premio Nadal, de gran tradición en España, en 1990 con* La soledad era esto.

Gran parte del éxito de Juan José Millás se debe muy posiblemente al hecho, desde siempre defendido por el autor, de que «la literatura no es algo cerrado, sino un espejo donde también se miran los otros». De esta forma, todos podemos encontrar, en las historias de Millás, una parte de nosotros mismos, de nuestros miedos y de nuestros sueños. Y, sin duda, el sentimiento que más compartimos con el autor es la soledad, siempre presente en sus novelas.

En Letra muerta *(1983), Juan José Millás nos descubre la doble vida que la mayoría de nosotros llevamos: por un lado, lo que somos y, por otro, lo que tenemos que ser. A veces nos vemos obligados a elegir entre vivir para nosotros o para los demás, sabiendo que, de cualquier forma, estaremos solos.*

PRIMERA PARTE

I

HACE apenas dos años yo no tenía el aspecto que hoy tengo. Yo no era un cuerpo blanco y más bien gordo, escondido bajo una sotana*. Por suerte, en este lugar no hay muchos espejos. Y los pocos que hay sólo sirven para que nos veamos la cara y la cabeza, lo suficiente para conseguir un afeitado y un peinado correctos, nada más. Pero cuando, desnudo, me siento sobre la cama y echo el cuerpo para delante para quitarme los zapatos, me veo obligado a observar un abdomen[1] exagerado, blando, el resultado de una vida tranquila que nunca quise para mí.

Hace dos años, yo tenía treinta y uno y entonces la edad me parecía algo importante. Hoy eso sólo es un detalle más que pronto perderé, de la misma manera lenta y fría con que pierdo el pelo. Y es que en este lugar todo ocurre despacio, muy despacio. Hace dos años, yo no era feliz ni mi cara era atractiva (en eso debo decir que he ganado con las gafas que llevo ahora). No era fuerte ni débil. Tampoco era alto. Pero tenía algo propio, algo que había construido poco a poco durante mucho tiempo. El rencor[2] lo era todo en mi vida; en el rencor encontraba una razón para seguir viviendo.

---

* Las palabras marcadas con un asterisco (*) están explicadas en el «Glosario religioso» de las páginas 69 y 70.

Cuanto mayor era mi rencor, más libre de culpa me sentía. La verdad es que es difícil saber de qué crimen me sentía culpable: tal vez del propio rencor.

No sé a quién le cuento esto. Metido entre las cuatro paredes de esta habitación, no es fácil saberlo; sus ventanas no se abren sobre ningún sitio donde pase gente. Desde mi mesa sólo veo los campos de juego, a cada lado de una avenida de árboles que conduce al oeste. Dicen que allí hay un río, aunque yo todavía no he bajado, ni tengo ganas. También por ahí está la casa donde vive Seisdedos. Pero yo de todo eso no sé nada o muy poco. Yo puedo hablar de lo que supone construir el rencor, tenerlo siempre vivo, no dejar que acabe siendo solamente odio. Porque el odio[3] es como un fuego que termina apagándose.

Podría intentar expresar mi resentimiento[4] de hace dos años, cuando trabajaba entre aquellos papeles llenos de polvo, pero lo expresaba tan bien entonces con mi negra mirada de funcionario[5] que, al recordarme ahora, he tenido un poco de miedo. En aquella horrible cara no quedaba siquiera la memoria de quien tuvo un día ganas de ser alguien, pero que no fue bastante inteligente para conseguirlo. En mi vida sólo había rencor.

Hablo del rencor como algo que tuve y me quitaron. El hecho es que desde que estoy en el seminario*, el rencor ha desaparecido sin que yo me diera cuenta. Sólo noté su falta cuando ya era demasiado tarde. Ahora es inútil sentir pena por ello. Además, el mundo no es un lugar agradable y de todas las cosas que pude llegar a ser, quizás no sea ésta la peor. A veces hasta me encuentro bien aquí, frente a esta ventana desde la que puedo ver muy lejos, hasta los árboles que están en las orillas del río. Ahora está oscureciendo. Enseguida las nubes serán rojas, como de nieve, pero no nevará porque no es momento. Todavía estamos en otoño. Demasiado pronto. Las estaciones no se equivocan, no sufren problemas de tipo nervioso, aunque son causa de muchos de los que nosotros sufrimos.

Letra muerta

Yo siempre he creído que había dos mundos: el mundo de la verdad y el mundo de lo que parece verdad. Estaba equivocado: no hay más mundos que los que aparecen. Según eso, yo sólo soy lo que mi aspecto dice. Lo demás es un sueño, y seguirá siéndolo mientras no tenga noticias de la Organización[6]. ¿Pero cuánto tiempo tendré que esperar para reconocerme como habitante de una sola realidad? Por ahora sólo soy un hermano lego* de esta Orden Religiosa*. Creo que con esta vida tranquila y ordenada terminaré por acostumbrarme a ello. Quizás acepte entonces que detrás de esto que soy, detrás de esta manera de vivir, no hay otra realidad. En todo caso, con el tiempo llegaré a creer que en la Organización hubo un error. Pensaré que por ese error lo que parecía verdad terminó siéndolo.

II

HAY problemas con la luz. Esta tarde, mientras rezábamos* en la capilla*, se fue varias veces. El padre superior* estaba molesto por la falta de interés que los seminaristas* ponían en sus rezos. Después de algún tiempo, la luz dejó de irse, pero quedó pobre. Desde esa hora, los curas sólo permiten encender en los pasillos y en algunas escaleras. En los demás sitios usamos velas[7] que nos dio el padre ecónomo*.

Durante la cena, el padre superior dio permiso para hablar, puesto que no se podía leer el Evangelio*. En nuestra mesa, el padre Beniopa comentó la gracia que les suelen hacer a los muchachos estas situaciones anormales. Pero el padre superior respondió con una mirada enfadada que no sé si iba contra la alegría de los seminaristas o la del padre Beniopa mismo; esta reacción cortó nuestro buen humor y cambió las caras colocadas alrededor de la gran mesa rectangular. Como el color negro de las sotanas apenas se veía en la pobrísima luz dada por las velas, las cabezas y las manos, después del primer vaso de vino, parecían moverse por sí solas, no ser de ningún cuerpo.

Hacia el segundo plato, un golpe seco en el suelo de madera, cerca de nosotros, nos hizo girar la cabeza. Un cura recogió el objeto, uno de los trozos de pan seco que los seminaristas se estaban tirando

Letra muerta

de unas mesas a otras. Lo entregó al superior, a quien esos juegos no divertían: aún le** estoy viendo, furioso, con un fuego en los ojos capaz de llegar a cada rincón del oscuro comedor, pidiendo silencio y orden.

Al terminar la cena, el padre Beniopa me comunicó que el padre superior quería verme después de acostarse los estudiantes. Un poco nervioso por esta llamada, ordené la cocina y me fui a mi cuarto a rezar mientras llegaba la hora. Como de postre habíamos tenido manzanas, una fruta que, por su sabor, debe tomarse con vino, saqué la botella escondida y bebí unos vasitos al mismo tiempo que seguía con mis oraciones*.

Después me puse la sotana y salí al pasillo.

Ya no había luz en ninguna parte; sólo algunos puntos que desde lejos parecían manchas de un extraño color entre blanco y verde. Pensé por un momento en volver a mi cuarto a por la vela. No lo hice porque tenía confianza en mi capacidad para repetir las cosas por costumbre y sin necesidad de usar la razón.

Estuve a punto de caerme un par de veces en la escalera que conduce a la parte del seminario que hoy ocupan los curas. A causa de la falta de luz, tuve algunos problemas con mi cuerpo: en dos o tres ocasiones sentí necesidad de tocarme el pecho para convencerme de que yo mismo era real y no una sombra, la sombra de mi realidad. De esta manera llegué a la lavandería[8] cuando, de repente, la luz de la lámpara que había en el techo se hizo tan fuerte que cerré los ojos. Tuve que subir la escalera tapándomelos

---

** Hemos respetado en la presente adaptación el «leísmo» característico de J. J. Millás. El «leísmo» consiste en el empleo del pronombre personal **le** –complemento indirecto– en vez del pronombre **lo** –complemento directo– para referirse a un objeto directo de persona («mirar**le**» en vez de «mirar**lo**»). Es un fenómeno propio de las zonas de León y Castilla y está admitido por la Real Academia Española.

con la mano porque me seguían molestando. Hasta que llamé al cristal de la puerta del despacho del padre superior. Para entonces ya me había olvidado de la sombra que sin duda vi en la lavandería, cuando la luz ganó fuerza; y que fue a esconderse detrás de los montones de ropa al darse cuenta de que venía yo. La sombra era la de un muchacho de tercero de quien no conocía el nombre pero sí la mirada de fuego; y que, desde luego, no tenía por qué estar allí a esas horas.

Pasaron unos segundos sin respuesta. Tuve ganas de llamar otra vez pero no lo hice. Por fin, escuché un «pase, hermano*» que me pareció rencoroso. Abrí y entré a una oscuridad diferente. El padre superior estaba en su mesa, cerca de la ventana, escribiendo a la luz de una vela gorda metida en la boca de una botella ancha y baja. Me miraba desde allí teatralmente, según su costumbre, pero, además, creí observar en su cara algo parecido a una sonrisa. Sin embargo, una vez sentado delante de él, pude comprobar que sus ojos no se reían. Y supe que aquello era lo que quedaba de algún gesto[9] anterior a mi entrada. Comprendí la utilidad de los segundos que habían pasado entre mi llamada y su respuesta; sentí no haber vuelto a llamar para ayudarle a hacerme creer que no me había oído la primera vez. Pero ya era tarde, y ahora los dos sabíamos que se había preparado para recibirme.

—Pase, hermano —repitió al verme. Y yo me fui hasta el asiento de los visitantes y me senté frente a él, pero también junto a él, puesto que nos encontrábamos los dos en el mismo lado de la mesa.

Me pareció que los dos nos defendíamos de un peligro común, escondidos detrás de su mesa. Al otro lado había una pared y una puerta que comunicaba con su celda*.

—Buenas noches, padre* —dije besándole la mano, al mismo tiempo que me sentaba. Me fijé en que tenía la sotana abierta, a la altura del pecho.

Letra muerta

–Buenas noches, hermano Turis. No es normal que llame a nadie a estas horas, pero como tenemos este problema con la luz...

–Sí –dije obligado por su silencio.

–Como tenemos este problema con la luz –repitió–, he pensado en usted que todavía es joven. Como, además, parece que sabe de estas cosas...

Volvió a callarse de la misma manera que antes, en el punto más alto de la frase. Me pregunté si hacía lo mismo con todo el mundo o sólo con aquellos de los que quería sacar alguna información.

–Algo –volví a ayudarle–. Estudié un poco de física, y de química. Pero muy poco; no llegué a ir a la universidad. Me coloqué en el ministerio y lo fui dejando –contesté.

–Es una pena...

–Perdón, ¿qué quiere decir? –pregunté y sentí que mi manera de hablar era demasiado directa, que en el fondo eso era precisamente lo que él esperaba de mí. Sentí también que podía parecer poco humilde[10], así que bajé los ojos intentando suavizar con el gesto la fuerza de mi voz o la colocación de las palabras en mis frases. Entonces me di cuenta de que había estado mirando, aunque sin verlos realmente, sus pies. Su pierna derecha era bastante más corta que la izquierda. Por eso llevaba de ese lado una enorme bota en la que parecía descansar todo el peso de su delgado cuerpo. Me puse colorado temiendo que el padre superior hubiera visto mala intención en mi mirada y llevé la vista hacia la ventana de manera poco natural.

Mientras pasaba ese rato, el superior había estado callado. Y yo, que no quería volver a hacer las cosas mal, le miré directamente a las gafas. Entonces, él se fijó en el espacio abierto de su sotana, a la altura del pecho, y se puso colorado a su vez. Entre molesto y tímido, continuó por fin:

–Es una pena que no quiera prepararse para ser cura. Podía haberlo hecho cuando terminó el noviciado*. Además, el padre provincial* se lo recomendó. Usted sabe que este seminario necesita personas jóvenes y preparadas. Por eso no entiendo por qué se niega.

—Es que no sé latín —me disculpé.

Entonces me miró y, después de otro silencio, contestó:

—Ésa es una mala respuesta.

Viendo asomar otra vez a su cara aquella sonrisa sin sonido que había observado al entrar, comprendí que me había equivocado. No era un gesto sin significado para el momento presente; debía de tener un valor en sí, quizás ser un gesto de simpatía. En todo caso, la situación no era cómoda. Decidí cambiar de conversación y dije:

—Decía usted que me había llamado por el problema de la luz.

El padre superior se rió abiertamente pero su mirada era fría. Después dijo que yo era muy directo y explicó:

—Es una manera de decir que no está siendo educado, hermano Turis. Quizás no le gusten mis palabras, pero soy su superior y está obligado a escucharme; como escucharía a su propio padre. Ya me habían hablado de su carácter. En fin, no espero que me pida disculpas pero sí que me preste toda su atención. Y no crea que es sólo cosa mía sino también de otras personas de este seminario.

Así que escuché y supe que no me quieren: según el padre superior, desde que llegué aquí no he hecho ninguna de las cosas que se esperaban de un religioso* nuevo. No me intereso por nada que no sean mis obligaciones de todos los días. No he bajado a ver los animales. No se me ve, como a los otros, rezar mientras paseo bajo los árboles, no juego al fútbol con los muchachos. Paso demasiado tiempo solo, no tomo café con nadie. Durante las misas, por lo general, estoy nervioso y me como las uñas. En fin, soy un desastre porque no hago nada de lo que debería.

El padre superior calló un momento y me miró para ver cómo reaccionaba. No sé muy bien qué aspecto tenía después de oír la lista de tantos y tan graves errores. Recuerdo que intenté mirarle a los ojos

Letra muerta

y me sentí pequeñísimo bajo el peso de una mirada de fuego. Cuando volví a oír la voz del padre superior, ésta se había hecho más blanda.

–Yo le comprendo, hermano Turis. Usted se encuentra aquí fuera de lugar; tal vez espera algo que no llega... No se preocupe; la fe* termina llegando. Quizás alguien le esté probando. Recuerde que la persona que consigue resolver estos problemas y salir de ellos, sale también más fuerte.

Bajé la cabeza y me quedé callado. Estaba nervioso. Después de tantos meses de silencio, ¿significaba eso algo especial? ¿Había dejado la Organización que las cosas llegaran hasta ese punto para comprobar cómo reaccionaba en momentos tan difíciles? ¿Era el padre superior de la Organización? Tuve ganas de pedirle perdón, de explicarme. Pero no lo hice: no quería equivocarme. Enseguida, me preguntó:

–¿Qué le pasa, hermano Turis?

–No me pasa nada, padre –contesté, muy prudente.

–¿No está seguro de haber tomado el camino correcto?

–No, no es eso.

–¿Tiene tiempo para pensar?

–Sí.

–¿Reza mucho?

–Sí.

–¿No le gusta su trabajo en la cocina?

–No, no es eso, padre.

–Mañana, después de la misa, Seisdedos le ayudará con la avería de la luz. Desde ahora, va a trabajar con él en el campo. Allí le será más fácil hablar con Dios. Ahora váyase y descanse.

Me despedí besándole la mano y salí al pasillo. Volví a mi celda por el camino más corto, casi corriendo. Estaba muy contento: por primera vez en mucho tiempo, pensaba que la Organización no me había olvidado. Esa posibilidad me devolvía la confianza. Entré en mi habitación y, después de cerrar la puerta, empecé a saltar de felicidad. Me metí en la cama y me quedé dormido. Soñé con Seisdedos. Al levantarme, por la mañana, me quemaban los ojos y me dolía el pecho. Cuando acabé de ayudar a la misa, todavía nervioso, me encontré con Seisdedos. Este hombre es muy extraño. Aunque su aspecto es el de una persona de pueblo, por su manera de hablar cualquiera diría que ha vivido siempre en una ciudad. Estuve con él un buen rato arreglando la avería de la luz. En algunos momentos me pareció que hablaba en clave. Intenté leer en sus palabras el anuncio de algún cambio, pero no saqué nada en claro.

Por la tarde, el padre ecónomo me llamó a su oficina. Quería contarme la historia de Seisdedos para avisarme. Según me dijo, trabajar con él puede ser peligroso para mí. El peligro está en que es un hombre sin fe. Nadie sabe dónde la perdió ni si la tuvo alguna vez; pero el caso es que cuando llegó al seminario ya no la traía consigo. Apareció un día, durante la Guerra Civil[11], medio muerto. Cuando pudo hablar contó todas sus desgracias. Explicó que no era soldado sino cura; que querían matarle y que todavía no sabía cómo había podido escapar de la cárcel y de la muerte. Se quedó en el seminario, llevando una vida un poco distinta de los demás porque no era de la misma Orden, pero ayudando en todo lo que fuese necesario. Durante tres años nadie observó nada extraño en él, pero al final descubrieron la verdad: no era cura. La Orden, entonces, se encontró con un problema: Seisdedos sabía demasiado de sus asuntos más secretos. Las dos partes se pusieron de acuerdo. Seisdedos podía quedarse, pero, a cambio, tenía que hacer los trabajos del campo y estar al cuidado de los animales.

Esta historia ha terminado de convencerme: hay algo raro en Seisdedos.

III

CUANDO trabajaba con Seisdedos arreglando la avería de la luz se me rompieron las gafas. Por eso durante unos días casi no he podido escribir nada en este cuaderno. Hoy, por fin, me han traído las nuevas. Son muy corrientes y me hacen un poco de daño detrás de la oreja derecha. Se lo he comentado al padre Ramírez, el ecónomo. Me ha escuchado con paciencia, pero como diciéndome con la mirada que protesto por nada. Después me recordó lo que ya me había explicado dos días antes, cuando se negó a darme el paquete de cigarrillos que le pedía: que nuestra comunidad* era pobre; que él no podía permitir ningún gasto que no fuera realmente necesario; que su obligación era repartir lo poco que teníamos entre todo el grupo. En fin, según él, para poder dejarme a mí fumar más, le tendría que quitar el tabaco a otro; y no está bien que me queje de unas gafas que ya han costado suficiente dinero.

De todas maneras, lo primero que he hecho cuando las he tenido puestas ha sido mirarme en el espejo. Encuentro que mi cara, con estas gafas, parece más oscura que la anterior; tengo un aspecto más religioso o más serio. Mientras me estaba mirando me di cuenta de un detalle que hasta ahora no había observado; y es que tengo pelos en las orejas. No me gustan, pero me da miedo quitármelos y que a alguien de la comunidad le llame la atención. Por otra parte, estos pelos me recuerdan a una persona que también los tenía. No es otra que la que me hizo entrar en la Organización. Su nombre era José, era un compañero de trabajo. Aunque no recuerdo el color de sus ojos, puedo decir de él que tenía dos brazos, terminados con manos, dos piernas, también completas; su forma de hablar era correcta; en fin, que era una persona enteramente normal. Quizás parezca extraño que lo describa así. Pero es que, excepto los pelos en las orejas, José no tenía nada especial. Todo en él era como se supone que deben ser las cosas en la gente.

El hecho es que hace unos cuatro años, estando en el ministerio, se me acercó. José y yo no trabajábamos exactamente en lo mismo, pero él tenía que venir de vez en cuando a mi oficina. Lo recibí con una de mis miradas de funcionario antipático, que es un medio muy útil para que la gente no moleste con sus ridículos problemas. En voz baja me dijo:

–Esta tarde tenemos una reunión a la que deberías asistir.

–¿Quiénes tenéis una reunión? –pregunté.

–Bueno, tú ya conoces a los que se mueven en este centro. No hay más.

–No me interesa –le contesté, aburrido–. A estas alturas del siglo no hace falta que luchemos por más o menos dinero o por las horas de trabajo. Esas cosas se van a conseguir sin que tengamos que pedirlas. Antes me divertía luchar por los asuntos del trabajo. Ahora sólo me pongo contento si el director se cae por las escaleras o si pierde la peluca[12].

–Verás –dijo José después de unos segundos–, en la reunión de hoy no vamos a discutir los problemas de siempre. Vamos a hablar de cosas más próximas a tus preocupaciones.

–Gracias, pero prefiero quedarme en casa con mi madre. Hemos comprado una televisión nueva, en color. Durante los próximos días quiero ver todos los programas que pongan. Lo demás no me interesa.

Letra muerta

Después de esta primera conversación, siguieron unos meses en los que no ocurría nada. Recuerdo que aquellos días pasaban muy despacio. Mi vida era monótona: por las mañanas me aburría en el ministerio, y por las tardes veía la televisión con mi madre. Juntos pasábamos largos ratos descubriendo las posibilidades del aparato y jugando a cambiar el color. Mi padre nunca tomó parte en nuestros juegos.

Cierto día me encontré con José en una cafetería. Nos saludamos y le pregunté, con la intención de burlarme de él y de sus compañeros:

–¿Qué pasa? No se os ve para nada. Aunque imagino que con tanta reunión...

–Las reuniones –dijo– son pocas y secretas, por motivos de seguridad. Por cierto, ¿te has fijado que hace días que el director no viene?

–Estará enfermo –contesté, sin mucho interés.

–No. Ha perdido la peluca. Reconozco que nos diste una idea muy buena. Alguien se la robó cuando estaba en los servicios. Los que lo vieron dicen que estaba furioso.

Entonces, en ese mismo momento, y porque encendieron otra luz en la cafetería, me fijé por primera vez en la cantidad de pelo que le salía a José de las orejas. Y ese único detalle extraño, a lo largo de un cuerpo tan corriente por lo demás, me trajo a la mente la idea de algo secreto. Creo que a partir de ese momento empecé a mirar a José de otra manera y a tomarle en serio. Durante un buen rato siguió contándome otros trabajos de la Organización; al final, me convenció para que asistiera a una reunión.

Después de observar los pelos de mis orejas con una seriedad que ahora me parece exagerada, y después de examinar mi aspecto con las gafas nuevas, me he sentado frente a la mesa para volver a leer algunas partes de este incompleto relato[13] de mi vida. Al principio me he sentido desanimado pensando en su inutilidad práctica, pero al mismo tiempo han aparecido también por primera vez sentimientos menos humildes y más agradables. He escrito ya un cuaderno entero, usando un bolígrafo negro, de punta gorda. Y me gusta abrirlo, tocar el papel, por un lado y por otro, una vez y otra. Confieso que el otro día, antes de acostarme, y estando un poco borracho, cogí el cuaderno por la mitad, sin intención de leerlo, sólo para ver cómo mi letra pequeña llenaba las páginas; de repente las letras me devolvieron algo como el retrato de mi amigo José. Es cierto que cuando pasó aquello estaba sin gafas y bajo el efecto del vino, pero de todas maneras debo tener cuidado: dejar aparte lo que es sueño; tener muy claro lo que es real y lo que no lo es. Si no, desde el momento en que todo comience a ser posible, este lugar secreto dejará de ser seguro para mí.

Por eso creo que en el futuro tendré que intentar, en vez de hablar de lo que escribo, escribir lo que hago; porque la verdad es que en los últimos tiempos he realizado algunas acciones bastante peligrosas.

IV

EL día que fui a la ciudad para hacerme unas gafas nuevas le mandé una carta a mi madre. Todo el mundo sabe que en el seminario nos abren las cartas. Por eso yo mismo tenía que echar al buzón la mía.

Hicimos el viaje una mañana el padre ecónomo y yo, en la camioneta. La parte de atrás iba llena de cajas con huevos, mermelada, frutas y otros productos del seminario que los curas suelen vender a unos cuantos clientes de siempre.

Daba miedo ver con qué ojos de envidia nos observaban los estudiantes. Más de uno debía de soñar con romperse un brazo o una pierna para tener así una ocasión de escaparse a la ciudad.

Durante el viaje intenté ganarme la confianza del padre ecónomo. Él podía conseguir que me dejaran aprender a conducir. Era la única manera de poder ir a la ciudad libremente. La verdad es que no conseguí gran cosa.

Al menos, cuando llegamos el padre me dejó solo enseguida. Tuve que andar un buen rato antes de encontrar un buzón. Entonces descubrí algo nuevo en mí: caminar entre las gentes de la ciudad vestido con sotana hacía que me sintiera muy raro. Me parecía que mi manera de andar llamaba la atención. Sentí vergüenza y tuve miedo; la falta de noticias de la Organización estaba cambian-

Juan José Millás

Al menos, cuando llegamos el padre me dejó solo enseguida. Tuve que andar un buen rato antes de encontrar un buzón.

Letra muerta

do mi carácter. Tenía que haberme movido con confianza, seguro de mí mismo, como debe hacerlo un espía[14]. En vez de eso, sentía lo que acabo de decir, una extraña vergüenza. La explicación de este hecho me asustó un poco: empezaba a no reconocerme como lo que era en realidad. Y, por primera vez, sentí que mi aspecto era mi única realidad.

Por suerte, el recuerdo de la carta que guardaba en el bolsillo consiguió devolverme cierta confianza. Un poco más tranquilo, llegué al lugar donde estaba el buzón, pero no eché la carta inmediatamente. Primero miré a uno y otro lado de la calle para comprobar que no me había seguido nadie. Cambié de acera un par de veces fijándome bien en la clase de gente que pasaba, pero no vi nada extraño. A esa hora, la mayor parte del público eran mujeres que iban o venían de la compra. Sólo entonces me decidí a echar el sobre.

En la carta le pedía a mi madre que me mandara un telegrama. Tenía que decirme que mi padre estaba muy enfermo. Nadie puede salir del seminario sin un motivo muy urgente, y ése me pareció suficiente. En realidad, mi intención era viajar a Madrid para investigar. Quería saber qué había pasado con la Organización. No iba a ser difícil descubrirlo ya que sabía dónde encontrar a José.

Ahora, mientras espero el telegrama de mi madre, me siento mejor. El solo hecho de haber mandado la carta me llena de confianza. Sé que mi madre me contestará pronto. Ella siempre me ha dado todo lo que le he pedido. Aunque, mirando el desastre que ha sido mi vida, pienso que no; no me ha dado lo que yo siempre le he pedido en secreto, lo que necesitaba. En realidad, debo decir que no sé bien qué es. Quizás me haya llenado de cariño porque no podía darme otra cosa. Quizás de esa manera intentaba ocultar lo que ella sabía que no podría darme nunca.

Pero, en fin, esto no es más que una idea que se me ocurre mientras espero el telegrama. Cuando llegue, pensaré en un plan.

V

EL telegrama de mi madre no llega, pero yo me encuentro bien a pesar de los nervios. Además, fumo más tabaco del que me da el padre ecónomo. A veces me cuesta creer que haya construido mi vida sobre el rencor. Lo digo porque hasta ahora no me había dado cuenta de una cosa: los curas fuman todo lo que quieren. Nosotros, los legos, apenas tenemos ventajas. Comemos aparte, no vemos la televisión, y desde luego, fumamos mucho menos. En otras cosas no me importa tanto que los curas tengan más ventajas que yo, que en realidad no estoy aquí como religioso, sino como terrorista[15]. Pero el asunto del tabaco sí que me molesta.

Por suerte he descubierto cómo conseguir más cigarrillos. Me dijeron que el padre Cabrera, el enfermero, tiene muchos paquetes. Desde hace días entro en su habitación a robar cuando él está en clase o diciendo su misa.

La primera vez no robé un paquete entero, sino sólo dos o tres cigarrillos de los paquetes que estaban abiertos, pero poco a poco empecé a coger más. Desde entonces hasta hoy no ha habido día en que no le cogiera siete u ocho cigarrillos. Si la habitación estaba suficientemente desordenada, corría el riesgo y hasta robaba un paquete.

Sin embargo, hoy ha ocurrido algo diferente. Mientras el padre Cabrera decía misa, he ido a su habitación según mi costumbre y

Letra muerta

me ha sorprendido encontrar en ella un orden poco corriente. Inmediatamente, algo me ha llamado la atención. Sobre la mesa, el padre Cabrera había colocado algunos paquetes. Al lado, había una nota que decía: AQUÍ ESTÁ TODO. YO NO TE VEO; DIOS SÍ. Lo único que me preocupa de este asunto es cómo he reaccionado. La nota tenía que haber despertado mi resentimiento de terrorista. En vez de eso, al leerla he sentido una emoción religiosa desconocida. Cuando llegué al seminario tomaba parte en la vida de la comunidad porque se esperaba eso de mí. Últimamente me he dado cuenta de que he empezado a rezar de verdad. Al principio fingía[16] cuando hacía esas cosas, y eso me servía para no aburrirme demasiado; pero ahora todo eso ha llegado a ser muy necesario para mí. Después de tanto tiempo sin tener ninguna noticia de la Organización, creo que rezar es lo único que de verdad me ayuda.

Si la aventura del padre Cabrera y su tabaco ha levantado en mí una clase de culpa religiosa, la conversación de esta mañana con Seisdedos también me ha dado qué pensar. Normalmente subo a comer a la cocina, con mis compañeros. Hoy, sin embargo, Seisdedos me ha invitado a su casa. Quizás me equivoque, pero su oferta me pareció más bien una orden. El caso es que la acepté.

Mientras preparaba la comida, Seisdedos me estuvo comentando algunos problemas de nuestro trabajo. Según él, es demasiado para dos personas.

—Debería hablar usted con el padre ecónomo para que nos preste un muchacho —dijo—. Otros años nos ha ayudado Jesús, uno de los estudiantes.

—De acuerdo, yo se lo diré.

Mientras, Seisdedos había terminado de colocar las cosas sobre la mesa. Se sentó y me ofreció un vaso de vino. Luego me miró y me dijo:

—Supongo que ya le habrán contado mi historia.

Yo no respondí inmediatamente para que no pensara nada raro. Finalmente dije:

–Sí.

–Está bien –respondió–, ya es uno más en saberlo. Como usted comprenderá, no voy a defenderme dándole más o menos detalles. Pero sí quiero que se dé cuenta de una cosa, hermano Turis: la Guerra Civil fue hace mucho tiempo. Piense usted en qué año empezó; piense qué edad tendría que tener la gente que la vivió. Se lo digo para recordarle que en el año treinta y siete ni el superior podía ser superior, ni el ecónomo ecónomo. Todos éramos entonces demasiado jóvenes para estar aquí.

Llegado a ese punto, se calló un momento para preparar la comida o para dejarme tiempo de pensar. La verdad es que sus palabras me habían sorprendido. Comprobaba una vez más que mi inteligencia ya no funcionaba como hubiera debido; yo no había sido capaz de leer correctamente la información que me daba la realidad. Y eso era grave, precisamente porque yo había decidido luchar contra esa realidad. Ahora lo recordaba: efectivamente, en algún momento la palabra «mentira» había aparecido en mi mente mientras el padre Ramírez me había estado contando las aventuras de Seisdedos. Pero aquel día yo no había reaccionado, no me había parado a pensar y me había olvidado.

–No entiendo –dije al fin, saliendo de mi sorpresa– por qué me han contado esa historia.

–No espere que sea yo quien se lo explique –contestó Seisdedos–. En todas las comunidades o mundos muy cerrados hay secretos. Y lo que menos importa es que las historias sean ciertas.

–¿Qué hace usted aquí entonces? –pregunté.

–Puede usted suponerlo por la vida que llevo; digamos que vivo bajo la sombra de un secreto que sólo conocemos los curas y yo. Y a las dos partes nos interesa guardar ese secreto.

Letra muerta

–Todo esto es muy raro –seguí yo, cada vez más sorprendido–. Nunca me pareció usted un hombre de pueblo. Su manera de hablar me hace pensar en alguien que está fuera de su sitio.

–Todos estamos más o menos fuera de lugar mientras vivimos –me dijo, con una mirada dura–. Pero es que a las personas como usted, que se gustan tanto a sí mismas, es muy fácil sorprenderlas. No me mire así; he conocido a varios hombres como usted. Piensan que todos los demás deben ser de alguna manera como ellos. Por eso cuando encuentran a alguien que tiene su propia manera de entender la vida, de entenderse a sí mismo, se quedan muy sorprendidos.

–Tal vez no me ha comprendido usted, Seisdedos.

–Vuelve a equivocarse, hermano; es usted el que no comprende nada. Yo tengo demasiados años para no reconocer los engaños.

El vino y la comida se habían terminado. Seisdedos se levantó a recoger la mesa. Yo seguí sentado. Las cosas no podían quedar así. Sabía que había riesgo en mis palabras, pero le dije:

–¿Puedo contar con usted si algún día lo necesito?

–Es usted un hombre débil –respondió a mis espaldas desde algún punto oscuro de la habitación–. Ayudarle sólo me va a traer dolores de cabeza. Si es algo muy urgente, dígamelo. Pero recuerde que no quiero problemas con los curas.

Preferí dejar las cosas en este punto. Me levanté y fui hacia la puerta. Seisdedos me llamó, se acercó y me dio algo.

–Tenga –era una botella de vino–, escóndala debajo de la sotana cuando suba a la casa. Tabaco no le ofrezco porque ya fuma todo lo que quiere sin ningún problema...

VI

SEISDEDOS tenía razón. Desde que llegó el frío de diciembre nuestro trabajo es muy duro. Por suerte nos ayuda Jesús, el estudiante que el padre ecónomo nos ha prestado. En realidad, conozco a Jesús desde mi llegada a este lugar. No sabía su nombre, pero conocía bastante bien su aspecto y su sonrisa. Su mirada se cruzó con la mía el mismo día que llegué con mi maleta a la puerta del seminario y desde entonces no he podido olvidarla.

Jesús estará entre los trece y los quince años. Tiene el pelo liso, de color claro, y sus ojos siempre brillan. Su risa y su conversación, tan ligeras, hacen que me sienta más joven. Desde que trabaja con nosotros, mis días son más alegres.

Por otra parte, he elegido al padre Beniopa como director espiritual*. Es un hombre muy agradable y comprensivo, aunque creo que no es muy religioso. Por lo menos no lo es de la manera en que lo son casi todos los curas. Pero como le gusta leer y oír la radio, no molesta a los demás. Dice sus misas y da las clases que le mandan. El tiempo que le queda, lo pasa ocupado en sí mismo y así no da problemas a nadie. Con él puedo hablar de casi todo. Le cuento lo que siento cuando rezo, o cuando estoy con cierto estudiante rubio. Él sabe quién es, aunque yo no se lo he dicho. Le explico que todas esas cosas, y algunas que todavía no le he contado, están en una parte

Letra muerta

de mi carácter desconocida para mí. El padre Beniopa me escucha con paciencia. Nunca me da respuestas, sino consejos, porque dice que soy yo quien debe buscar las respuestas. Además, últimamente el padre superior y los curas son más amables conmigo. El padre Cabrera, el enfermero, también. He estado observándolo durante varios días: estoy seguro de que no se imagina que pueda ser yo el ladrón de su tabaco; debe de creer que ha sido un alumno. De manera que estoy pensando en una pequeña venganza[17] para devolverle la mala broma que me jugó.

En fin, entre unas cosas y otras, me encuentro muy bien. Tan bien que en estos últimos días estoy temiendo la llegada del telegrama. No vaya a traer todo eso a la mente de un posible lector la idea de que he olvidado por qué estoy aquí. Creo que no. Lo que ocurre es que ahora, gracias en parte a las enseñanzas de mi director espiritual, sé esperar.

Hasta hace poco vivía asustado no tanto por la falta de noticias de la Organización como por el miedo de no saber qué había pasado con ella. Ahora mi interés por el futuro no es menor, pero he aprendido a ver las cosas de una manera diferente.

He pensado mucho en qué ha pasado con la Organización. Hay varias posibilidades:

a) Ha sufrido un duro golpe. No sabré nada hasta que las cosas vuelvan a ser normales.

b) La policía lo ha descubierto todo, pero no tiene información sobre mí.

c) La policía sí sabe de mí y me vigila.

d) La Organización quiere comprobar cómo reacciono en un caso tan difícil como éste.

De todas maneras, en este asunto hay algo que se me escapa. Ahora estoy más tranquilo; empiezo a darme cuenta de que alrededor de la Organización siempre ha habido cosas extrañas. El tiempo y la distancia me hacen ver esas cosas más claramente. Nunca antes me había parado a pensar en cómo entré en la Organización; ahora me doy cuenta de que también eso fue muy extraño. Es muy tarde y estoy cansado, pero ya he perdido el sueño y no tendría ningún sentido meterme entre las sábanas. Sé que me faltan algunos detalles, pero tal vez recordando por escrito mi entrada en la Organización consiga alguna nueva información que me ayude a comprenderlo todo. El relato de aquellos días en Madrid servirá para probar que fueron ciertos, que yo los he vivido; y, quizá, para que yo empiece a entender quién soy.

VII

Estoy en Madrid. Entro en una cafetería. Detrás de la barra hay un camarero. Lentamente, viene hacia mí. Le pregunto en voz baja. Sin hablar, mira hacia las escaleras. Bajo por ellas hasta el sótano. Está muy oscuro. Al final de la habitación hay una luz. Veo a José sentado en una mesa frente a un hombre desconocido. Nos presenta sin decir su nombre y yo me siento en una silla, intentando parecer muy seguro de mí mismo. Siguen hablando durante unos minutos sin hacerme caso. Creo que están comentando un plan de organización, pero no entiendo nada de éste. Ahora tengo miedo; comprendo que estoy a punto de saltar del mundo de la imaginación al mundo de la realidad. En todo caso, es un mundo peligroso y supongo que cada error se paga con la cárcel. Siento que he hecho mal en ir, pero ya es tarde.

Ellos siguen hablando seriamente. En el sótano donde nos encontramos hay mesas y sillas preparadas para otros clientes. Pero no hay nadie. Rezo para que llegue una pareja de novios o un par de estudiantes o un vendedor de mecheros, cualquier cosa; pero los minutos pasan y nadie baja por las escaleras. Hace frío.

En este momento, el hombre desconocido se levanta y me ofrece la mano. Supongo que se está despidiendo y le digo «hasta luego» de una manera demasiado grave. Me siento en su silla enfrente de José pensando que no he conseguido saber de qué hablaban. También observo que han tomado café y alguna copa. A mí nadie me ha preguntado todavía si quiero beber algo.

Después de encender un cigarrillo, José levanta la cabeza. Su mirada enérgica me sorprende. Me dice:

—Vamos a cambiar el mundo.

Yo sigo callado, intentando no meterme demasiado en el asunto. Sin embargo, sé que mi silencio es una manera de aceptar lo que voy a oír. Pasado un rato, José sigue:

—Imagina una organización secreta que va a terminar con la mentira de la democracia[18].

—Me parece exagerado —le contesto, para ocultar mi preocupación—. Como ya te dije, para mí sería suficiente con terminar con algunas personas antipáticas.

—Exactamente, Turis. Deja que te explique lo que hacemos. ¿Recuerdas el asunto de la peluca del director? Nosotros se la quitamos. Todos nuestros trabajos son más o menos así. Rompemos los coches de los jefes, les llamamos por teléfono en mitad de la noche, para asustarlos, les estamos haciendo la vida imposible. Y ellos no pueden hacer nada.

—Pero, José, tú te has creído que el mundo entero es un ministerio. Y no; hay otras cosas.

—Ya lo sé; fábricas y empresas y soldados y estudiantes... Estamos estudiándolo todo. Además, podemos asustar a la persona que tú digas; tenemos dinero para pagar a gente que lo haga. Eso para los asuntos personales, que nos parecen importantes. Pero es que muchas de las cosas divertidas que son noticia en el periódico, las hemos hecho nosotros. ¿Leíste que robaron buitres[19] en el zoológico[20]? ¿Y quién crees que fue? Alguien de la Organización. Aquellos pájaros estuvieron tres horas volando encima de la casa del alcalde, porque escondimos cerca de allí un caballo muerto, con el abdomen abierto.

—Esas cosas me gustan, pero tienen su riesgo.

Letra muerta

–Algún riesgo hay que correr.

–De acuerdo.

–Además, en esta Organización cada uno hace lo que le divierte. No tendrás que hacer nunca nada que te dé miedo. Por otra parte, cada persona conoce únicamente a otro compañero. A este hombre que se acaba de ir, por ejemplo, yo no lo conozco. Ni siquiera creo que viva en Madrid. He quedado con él aquí por medio de un anuncio que apareció en una revista médica, pero lo más probable es que no vuelva a verlo en mi vida. Si la policía me descubre, no podría saber quién ha puesto el anuncio. Ni el que lo puso sabía para qué era. De esta manera, si la policía coge a alguien, los demás no están en peligro. Nadie puede hablar porque nadie sabe nada. Si te decides a trabajar con nosotros, tu nombre no aparecerá en ningún sitio, y sólo te comunicarás conmigo.

–Pero ¿quién manda en la Organización?

–En la Organización nadie da órdenes, porque a nadie le interesa tomar el poder. Lo importante no son las personas, sino los lugares que ocupan en la Organización. La idea es cambiar el mundo, y para eso trabajamos todos. Hay personas que sólo hacen un trabajo, y luego desaparecen.

–¿Y hasta qué punto estáis organizados?

–Hasta un punto que no podrías imaginarte.

–No sé, todo es tan raro. Hablas de una Organización que al mismo tiempo no lo es...

–Comprende que hay cosas que todavía no puedo explicarte.

De esta extraña manera entré en la Organización. Unos días después, José me llamó. Hicimos juntos unos trabajos sin peligro, y terminé de convencerme. Había descubierto, por fin, qué hacer con mi resentimiento.

Durante unos meses sólo me ofrecieron trabajos menores. Cierto día, José me llamó para que nos encontráramos en un bar de las afueras de Madrid. Para llegar allí había que coger tres medios de transporte diferentes. Por su manera de hablar y porque el lugar era bastante extraño, comprendí que esta vez era algo importante. Llegué a la cita media hora antes, según mi costumbre, para comprobar si me habían seguido. Entré en el bar y me acerqué a la barra. Ese día llevaba unos pantalones verdes y una camisa vieja de cuadros rojos y azules. Creo que mi aspecto no era muy diferente del de la gente que tenía a mi alrededor. No busqué a José con la mirada, sino que pedí una copa de vino. Después de unos minutos levanté los ojos y lo vi al final de la barra. Él también me miró, pagó y salió. Con él iba un mecánico, o alguien vestido de mecánico. Cuando ellos se fueron, esperé un rato antes de pagar mi vino. Después salí a la calle y me quedé en la acera.

Enseguida llegó un coche rojo y se paró delante de mí. Alguien abrió la puerta de atrás y yo entré. Delante, conduciendo, iba el mecánico; José estaba a su lado. Me dieron unas gafas y dejé de ver: tenían los cristales muy oscuros y unos papeles negros que tapaban los dos lados.

El coche se puso en camino. El mecánico condujo durante mucho tiempo. Íbamos muy deprisa. José había puesto la radio, y yo no podía oír ningún ruido de fuera. Al rato, el coche empezó a ir más despacio y pensé que estábamos entrando en un pueblo o en una ciudad. Por fin, se paró. El mecánico apagó la radio y José dijo:

–Aquí es.

Me hicieron entrar en un lugar cerrado y frío. Pasamos por un pasillo muy largo y bajamos por unas escaleras. Seguimos andando y llegamos a una habitación. Ahí me dieron permiso para quitarme las gafas. Estábamos en una sacristía*, o eso me pareció. José me sonrió y me invitó a sentarme. El mecánico no abrió la boca excepto para decir «ahora vuelvo». Cuando nos quedamos solos, José volvió a sonreírme, esta vez con una mirada divertida. Dijo:

Letra muerta

–Ya verás.

Al poco volvió el mecánico con un cura. Entraron a la sacristía por una puerta distinta, acercaron unas sillas y se sentaron frente a José y a mí. José empezó la conversación.

–Bueno, éste es el hombre. Explícaselo tú –dijo, mirando al cura.

–Voy a ser muy rápido –dijo, observándome con atención–. Primero quiero felicitarte: eres uno de los mejores terroristas que ha pasado por la Organización. Por eso vamos a proponerte un plan. Tú puedes no aceptarlo: en ese caso, deberás olvidar lo que vas a oír. Y durante unos meses, no sabrás nada de la Organización. ¿De acuerdo?

–De acuerdo –respondí gravemente.

–Bien. Ahora escucha: desde hace años, estamos metiendo a personas de la Organización en algunas Órdenes Religiosas. La intención es que la Iglesia* se llene de compañeros nuestros para que podamos utilizar políticamente su enorme poder en todo el mundo; desde dentro también podremos, si nos interesa más, acabar con la Iglesia, una cosa u otra. Te diré que hay bastantes compañeros que están trabajando en esto, y que algunos ya han llegado muy arriba. Pero necesitamos muchas personas para este trabajo, y personas muy especiales. Tú eres una de ellas. Piénsalo durante unos días. Si aceptas, José te hablará de una Orden Religiosa. Él te explicará qué tienes que hacer para entrar.

Entonces se levantó, me dio la mano y salió. El mecánico siguió sin decir nada, excepto que me pusiera las gafas. Nos metimos en el coche y, después de dar muchas vueltas, me llevaron hasta una estación de metro céntrica. José me dijo:

–Ya hablaremos.

De esta manera entré en la Iglesia. Estuve un año en el noviciado. Durante ese tiempo, todos los meses recibía noticias de la Organización. Tenía órdenes de hacerme lego. Si un lego sabe ganarse la confianza de sus superiores, puede alcanzar en algunos lugares más poder que muchos curas. Estaba muy contento, porque por fin podía hacer algo con mi resentimiento. Mis sueños de venganza se iban a hacer realidad. Además, mi carácter hace que la vida en comunidad sea para mí más agradable que ir cada día a una oscura oficina a ocuparse de un trabajo de idiotas. Todo era perfecto hasta que terminé el noviciado. Entonces me mandaron a este lugar y se acabaron las noticias de la Organización. Llegué a sentirme muy solo, y tan ridículo como el padre superior o el ecónomo. Temí que mi aspecto acabara siendo mi única realidad. Pero, poco a poco, ciertos aspectos de la vida religiosa se hicieron agradables para mí y a ratos (me da vergüenza decirlo) he llegado a ser feliz.

VIII

ESTE papel mojado[21], esta letra muerta, este cuaderno sin futuro, es el único testigo de los cambios que sufro en mi interior.

Escribo con prisa porque mañana salgo para Madrid. He recibido un telegrama; no es exactamente el que pedí, pero también sirve. Me lo manda mi padre, y en él me dice que mamá está muy enferma. Seguramente mi pobre madre no me enviaba el telegrama porque se sentía culpable; no ha querido «matar» a papá y ha decidido «matarse» a sí misma. Las madres siempre se equivocan porque ponen demasiado amor en todo.

Lo que ella no imagina es que su telegrama llega en mal momento. Ahora no tengo ganas de ir a Madrid. Me encuentro muy tranquilo. Aquí, en el seminario, ya casi no me preocupa el silencio de la Organización. Ahora me duele especialmente dejar a Jesús, a pesar de la emoción de ver a mamá. Además, en Madrid solamente voy a tener tres días para investigar, y eso es muy poco tiempo. Porque en eso del tiempo el padre superior ha sido muy claro cuando me llamó para comunicarme la mala noticia de la enfermedad de mi madre.

–Hermano Turis –me dijo–, en estos casos intentamos no ser demasiado duros, pero la Orden tiene unas costumbres que debemos obedecer. Normalmente damos tres días libres si los padres están gravemente enfermos. Si mueren, Dios no lo quiera, son seis días.

Claro que si la muerte ocurre el tercer día, podría usted llegar a quedarse en Madrid nueve días. Ya le digo que solemos ser comprensivos. Pero la verdad es que nadie de la comunidad ha estado tantos días fuera del seminario; después de muerta la persona querida, nuestros hermanos desean volver enseguida para compartir su dolor con nosotros, que somos su otra familia.

El padre superior nunca ha sido simpático conmigo. En esa ocasión su manera de decir las cosas me pareció increíblemente directa y desagradable. Por una vez decidí contestarle. Dije:

—No sé, padre, cómo puede hablarle así a alguien que está sufriendo tanto.

—Cuando usted sea más maduro lo entenderá, hermano Turis —me dijo, fríamente—. No dudo que para que eso llegue tendrá que pasar algún tiempo, años tal vez. Entonces comprenderá que sentir dolor no significa necesariamente llorar y olvidar sus ocupaciones personales. Mientras, lo mejor es seguir un orden. ¿Le parezco demasiado duro, quizás?

—No, padre. Sus explicaciones son perfectas y yo le comprendo con la cabeza, pero el corazón me dice otra cosa. No creo que haya sido duro, sino que tiene razón, estoy todavía poco preparado.

Con esto terminó nuestra conversación. Me fui de allí triste. El dolor que fingía por la enfermedad de mi madre empezaba a ser real. Además, me sentía culpable: no me gusta jugar con esas cosas. Por otra parte, ese dolor se unía a la pena de no ver a Jesús durante un tiempo.

He hablado con el padre Beniopa de lo que en estos días siento por ese chico. Por supuesto, en ningún momento he dado nombres. Según él, siempre buscamos en los demás lo que nosotros no tenemos; pero es inútil, porque en este mundo no hay nada ni nadie perfecto. Me ha aconsejado que rece. Sólo así hablaré directamente con la parte de mí mismo que busca en Jesús lo que yo no tengo.

Letra muerta

De rodillas a los pies de mi director espiritual, lloré, débil como un borracho. Cuando poco a poco me calmé, empecé a pensar que esa tarde me había curado de algo. Hacía muchos años que no lloraba.

Ya es tarde. Mañana viajo a Madrid y quiero descansar esta noche. Si algún día vuelvo, quizás vea todas estas cosas de otra manera. Mientras, he decidido esconder esta letra muerta. Hay demasiados secretos en este cuaderno.

SEGUNDA PARTE

I

CREO que hace un mes, o quizás dos, que he vuelto al seminario. Siempre he tenido problemas con el tiempo; pero desde lo que ocurrió con mamá, esa imposibilidad mía de tener claro el orden en que ocurren las cosas ha llegado a ocupar el centro de mis intereses. Quizá volver a esta letra muerta, más muerta que nunca, me ayude a situarme en ese camino que lleva a la muerte.

Así que hoy, como no me encontraba muy bien, me he quedado todo el día en la cama. El padre Cabrera, el enfermero, vino a verme a las nueve de la mañana y a las nueve y media consiguió decidir que mi temperatura era muy alta. Como yo ya me había dado cuenta de eso, le pregunté cuáles podrían ser las causas de la fiebre. El hombre dudó un momento y dijo:

—La gripe, hermano Turis, ha cogido usted la gripe.

La manera de decirlo me pareció un poco rara; el padre Cabrera parecía creer que yo había cogido la gripe personalmente, de algún lugar donde la tienen guardada los curas. La verdad es que después he llegado a pensar que quizás el padre tenía la cabeza en otro sitio (en sus paquetes de tabaco y su botella de vino). Por ello, sin darse cuenta, estaba agresivo conmigo. Porque ahora recuerdo que poco después de volver de Madrid, decidí vengarme de la nota que me había dejado aquella vez; de aquella nota que hablaba de Dios y tan-

Juan José Millás

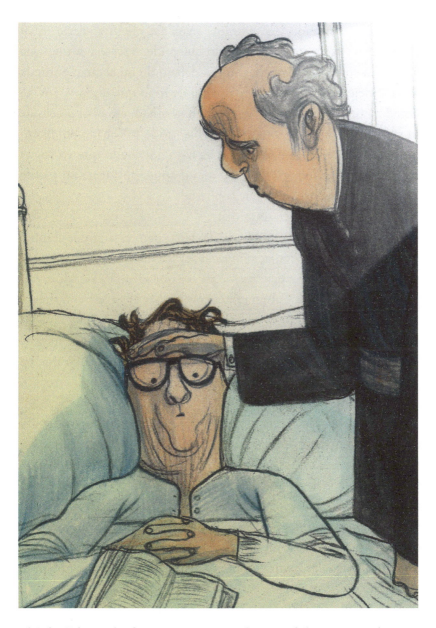

El padre Cabrera, el enfermero, vino a verme a las nueve de la mañana y a las nueve y media consiguió decidir que mi temperatura era muy alta.

Letra muerta

to me había asustado. Así que una mañana, mientras decía misa, entré en su cuarto y le robé todo lo que pude. Tres viajes tuve que hacer con todas las cosas escondidas debajo de mi sotana. Sobre la mesa le dejé una nota escrita con letra de niño que decía: «Hoy he llegado a un acuerdo con Dios: le dejo la mitad; ése es el precio de su silencio». Y aunque escondí muy bien todo lo robado en distintos lugares, lejos de mi celda, quizás haya adivinado que yo soy el culpable. Sí, sin duda por eso me dijo después de darme un par de aspirinas y cuando ya salía por la puerta:

–Intente no fumar en unos días.

Conseguí no fumar durante la mañana, pero esta tarde, después de volver a leer muy despacio mis cuadernos, he encendido un cigarrillo y me he puesto a pensar. Me parece que luego ha venido a verme otra vez el padre Cabrera para comprobar si seguía con fiebre. Se puso furioso cuando vio el cenicero. Durante todo ese tiempo yo no dejaba de pensar y cuando se ha marchado he empezado a escribir. Creo que sólo así, escribiendo, puedo entender todo lo que ha pasado. Sí, quizás de esta manera pueda poner en orden los hechos anteriores a mi vuelta al seminario.

Así, por ejemplo, recuerdo que hace unos dos meses y medio que me marché a Madrid. Fue gracias a un telegrama en el que mi madre decía de sí misma que se encontraba gravemente enferma. Recuerdo haber llegado a esa ciudad horrible lleno de planes para investigar en tres días algo que iba a necesitar meses. En la estación me esperaban algunos familiares y su mirada rompió mi vida. El telegrama no era mentira; lo había firmado mi padre y mi madre, por tanto, estaba gravemente enferma. Uno de ellos me cogió por el brazo y dijo:

–Vamos deprisa. Tu madre te espera para morirse.

La casa estaba llena de caras y de trajes oscuros, y se oscureció aún más con mi sotana. En algún punto del pasillo mi padre,

42

llorando, me dio un abrazo. Por fin conseguí alcanzar la habitación de la enferma y me dejaron solo con ella. Enseguida supe que la muerte estaba allí dentro. Intenté fingir delante de mi madre para que no se diera cuenta. Pero ella ya lo sabía todo y me tomó la mano y me dijo que estuviera tranquilo. Después nos miramos un rato, y habló otra vez:

–Te queda muy bien la sotana, hijo. Pareces más delgado. Ahora que voy a morir, ya no me importa que seas religioso. De muerta me gusta verte así. Y es por envidia, ¿sabes? Lo he entendido ahora. Si no puedo tenerte, prefiero que no estés con otra mujer.

Con estas palabras de amor comprendí de repente lo que había entre mi madre y yo; algo que había sido secreto durante años y que ni yo mismo conocía. Recuerdo que en un primer momento esa explicación me molestó. Entendía por fin por qué siempre he tenido problemas con las mujeres. Y lo que había detrás de las palabras de mi madre también explicaba el resentimiento que había llenado mi vida. No contesté, porque mi madre enseguida dijo:

–Oye, perdóname por el telegrama, no pude enviártelo cuando me lo pediste. Lo intenté varias veces, pero no podía meter a tu padre en esto. Me sentía culpable. Bastante daño le hemos hecho ya los dos. Entonces me puse enferma de verdad para que pudieras venir. Así podrás resolver tus asuntos.

Y se murió sin decir más. Como alguien cuelga el teléfono o se marcha de un lugar público sin llamar la atención.

¡BASTA! No puedo seguir escribiendo, ya basta.

Creo que es tarde. Me trajeron la cena hace una hora y aunque comí poquísimo ahora tengo el estómago mal. Tengo fiebre y ganas de estar con Jesús. Después de mi extraño viaje a Madrid, Seisdedos le dijo que ya no le necesitábamos. Desde entonces, casi no lo veo.

Dios mío, ayúdame. Sólo conozco dos verdades en esta vida, y ninguna de ellas es la muerte: el amor, tampoco. Las únicas dos

Letra muerta

verdades que me acompañan son el odio y la culpa. Las dos viven en mí desde hace años. No puedo aguantar más, no quiero aguantar más. Sin embargo, todavía no sé cuál ha sido mi error.

II

HACE una semana vino a verme el médico del pueblo más próximo. En los últimos días mi temperatura había subido muchísimo. No me quedaban fuerzas ni para seguir escribiendo esta historia. Tenía hepatitis[22], no gripe, como decía el padre Cabrera, que no había brillado mucho como enfermero de una comunidad. El médico se fue y me dejó solo con treinta y ocho y medio de fiebre y todo el día por delante. Un día más para sentirme culpable por la muerte de mi madre. Un día más para pensar en mi oscuro futuro.

Por la tarde vino a verme mi director espiritual, el padre Beniopa. Me puse muy contento. No lo había visitado desde mi vuelta, porque me daba miedo contarle lo que me pasó en Madrid.

—¿Qué tal está, hermano Turis? —preguntó.

—Mal, padre. Me siento muy débil. Tengo hepatitis, pero ni siquiera me he puesto amarillo.

Sonrió y dijo:

—Bueno, no se preocupe. Todavía puede cambiar de color. Conozco un poco esta enfermedad. Mi padre murió de hepatitis.

Las palabras de mi director espiritual me asustaron. Recordé que el enfermero me había puesto cuatro o cinco inyecciones[23] cuando pensaba que tenía gripe; y que ésa era una de las maneras en que se podía coger la hepatitis. De repente lo comprendí todo. Después

Letra muerta

de lo que pasó en Madrid, habían decidido matarme poco a poco. Sentí un miedo horrible viéndome morir lentamente, obligado a tomar todos los días el veneno que me daban los curas. Sin embargo, cuando ya imaginaba el final último de mi vida, todo mi cuerpo amarillo, me sentí por otro lado ridículamente tranquilo, casi alegre, porque todavía estaba lejos de ese final.

El padre Beniopa, mirándome amablemente, siguió hablándome de la hepatitis. Me explicó que había varias clases, que no solía ser grave. Tenía que descansar, esperar.

Me pareció que tanta información no era para hacerme sentir más tranquilo. Más bien pensé que quería darme a entender hasta qué punto estaba en las manos de ellos. ¿Me estaba diciendo, quizás, que según lo que yo hacía o dejaba de hacer, los curas podían decidir de mi vida o de mi muerte?

—Padre, ¿usted sabe lo que ocurrió en Madrid, además de la muerte de mi madre? —le pregunté, temblando.

—Su enfermedad, hermano, no le da derecho a hacerme ese tipo de preguntas, y menos a intentar meterme en sus problemas con la Orden. Habrá observado que, desde que volvió de Madrid, yo he aceptado su silencio. Pero también espero que usted mismo intente encontrar la solución. Por eso, hoy no he venido a verle como su director espiritual. He venido solamente a visitar a un enfermo.

Sentí que sus palabras, que la fiebre hacía girar alrededor de mi cabeza, me envolvían. Dije, como el que está a punto de morir:

—¿Cree usted, padre, que todavía me puedo salvar?

—Claro, hijo —fue su respuesta—. Si quiere, puede salvarse. La clave está en conocer nuestras posibilidades: no haga cosas que no pueda hacer. Pero tiene usted fiebre y está cansado. Piense en sus problemas tranquilamente y luego, si todavía lo cree necesario, llámeme. Pero no para contarme de cualquier manera sus sentimientos, como quien quiere, en un momento, quitarse un peso de encima. Deberá hablar despacio, explicarme sus problemas ordenadamente. Ése debe ser el papel de un director espiritual. Lo otro, lo que buscaba hablándome de sus días en Madrid, está más cerca de lo que se hace con una madre o con un amigo. La suya ha muerto y aquí nadie tiene amigos. Acéptelo y se curará.

Se fue y yo cerré los ojos. Imaginé la posibilidad de dejar el seminario y volver a Madrid. Pero la vida allí era dura, difícil y aburrida. Además, mi madre había muerto, y ya nada me unía a esa ciudad.

Han pasado ya bastantes días desde que hablé con el padre Beniopa. Ahora mi salud es mejor, pero todavía pienso que los curas quieren matarme. Lo comprobé cuando el padre superior y el ecónomo vinieron a verme, poco después de la visita de mi director espiritual. Querían hablar del dinero que me había dejado mi madre al morir. Les dije que mi familia no era rica y que seguramente todo iba a ser para mi padre.

Entonces observé una mirada de animal furioso en el padre superior.

–Hermano Turis –dijo con paciencia–, defiende usted con más pasión los intereses del mundo que los de su comunidad. Sabemos muy bien cómo funcionan estas cosas: una parte de lo que tenía su madre es para usted. Como los religiosos no pueden tener nada, esa parte pasa directamente a la Orden. No hay nada extraño en ello.

–Comprendo –dije mirándoles para que se pusieran nerviosos.

–Por su mirada, cualquiera diría que queremos quitarle algo por la fuerza.

De repente, su manera de hablar se había hecho más dura. Tuve miedo.

–¿Quién paga sus medicinas? ¿Quién le da de comer?

–La Orden –respondí asustado.

–¿Entonces por qué nos mira así? ¿Cree que le vamos a robar? –me preguntó gritando.

Letra muerta

–Perdóneme, padre –dije temblando como una hoja de papel–. No era mi intención ofenderle. Seguramente las medicinas me hacen decir cosas que no siento.

–Pida el perdón de Dios, ya que es a Él a quien ofende.

–¿Tengo que firmar algún papel? –pregunté, para hacerme perdonar.

–Si le parece bien –me contestó muy fríamente–, el padre ecónomo y yo nos ocuparemos de todo.

Salieron los dos de mi habitación. Durante un buen rato seguí temblando en la cama. La conversación me había asustado muchísimo. Menos mal que enseguida entró Jesús.

–Hola –dijo sonriendo–. He venido otras veces, pero estaba usted siempre dormido.

–Es que por las noches no duermo –dije como disculpándome.

–¿Y qué hace entonces?

–Pienso. Y escribo.

–¿Oraciones?

–Una oración muy larga; una oración que habla de nosotros, de ti y de mí. Necesitaba tanto verte, que me hablaras...

–Pues ahora me verá mucho. Ya no trabajo con Seisdedos. Desde hoy mismo yo le traeré la comida y las medicinas.

Al oír eso, algo reaccionó en mi interior. Mi mente trabajaba muy deprisa.

–Jesús, tú llevas tres años en el seminario. ¿Seisdedos ha estado aquí también todo ese tiempo?

–Sí y no; él va y viene. Ahora lleva mucho tiempo aquí.

–¿Desde que vine yo?

–Pues sí, ahora que lo dice.

–Es que lo vi en Madrid.

–Ah.

El chico me miró pensando seguramente que estaba loco. Decidí no seguir preguntándole.

–Anda, vete. Ya hablaremos cuando esté mejor.

Se fue. Quería llorar, pero no podía. Cerré los ojos y recordé, una vez más, lo que había pasado en Madrid. Necesitaba unir lo que había ocurrido para encontrar la clave que lo explicaba todo.

III

AL entierro de mi madre fueron algunos familiares y amigos. La gente se peleaba por el sitio; todos querían ver a la vez cómo bajaban la caja negra y la cara de mi padre y la mía. No sé qué esperaban descubrir. La verdad es que yo mismo intentaba comprender algo.

También fue el padre provincial. Cuando salíamos, me cogió del brazo cariñosamente y me llevó hasta un taxi. Fuimos a la casa central de la Orden, que estaba en un barrio caro de Madrid. Caminamos por pasillos oscuros y llegamos a su oficina. Una vez allí, pasó delante de mí y se sentó frente a una mesa llena de pequeñas montañas de papeles y libros. Me invitó a sentarme al otro lado. Sentado, su aspecto era el de un gordo amable. Se echó para atrás y, después de observarme un rato, dijo:

—No es normal que deje mis obligaciones para ocuparme de los problemas de un lego. Pero voy a ser muy claro con usted: o entra en la vida religiosa como uno más, o lo deja ahora mismo. De esta manera nos ahorraremos el viaje de vuelta al seminario. ¿Qué dice?

Su mirada y su voz habían cambiado. Ahora era un gordo frío y enfadado. Mi cabeza empezó a funcionar: pensé en el seminario, en sus pasillos, sus sombras, Jesús, la letra muerta... Todo aquello respondía tan bien a mis intereses más profundos... Me dio muchísimo miedo que me echaran de allí, que me devolvieran al duro mundo. Dije:

–Quiero volver, padre.

Entonces el padre provincial se levantó invitándome a hacer lo mismo.

–Bueno, ya he perdido bastante tiempo con usted –dijo, llevándome a la puerta–. Espero no tener que volver a verle hasta mi visita al seminario.

Me ofreció la mano para que se la besara y salí.

–Un momento, hermano –me llamó–. Supongo que se quedará en Madrid un par de días. Vaya a esta dirección y pregunte por el padre Catalán. Creo que podrá ayudarle.

–Gracias, padre.

Me había dado una tarjeta que decía:

> Padre JOSÉ LUIS CATALÁN
> Secretaría[24] para los no creyentes*.

Como la calle estaba en las afueras de la ciudad, dejé esa visita para el día siguiente. Después de mucho dudarlo, decidí investigar sobre la Organización. Era pronto, y pensé que José todavía estaría en el ministerio.

Mis antiguos compañeros se sorprendieron mucho al verme. Cuando pregunté por José hubo un silencio entre raro y divertido. Inmediatamente oí risas y alguien dijo:

–Se metió a cura, como tú.

–Quién lo iba a decir de vosotros... –se burló otro.

Nadie supo decirme ni la Orden ni el lugar en que se encontraba. Algunos decían que había pasado un tiempo preparándose (el noviciado, me imagino) y que después lo habían enviado fuera de España, quizás a África. A mí me imaginaban muy lejos, en algún país desconocido, aunque nadie sabía de dónde había salido esa información.

José no tenía en Madrid parientes conocidos ni, al parecer, amigos de confianza. No había rastro de él, y todos se sintieron

Letra muerta

sorprendidos de haber estado trabajando durante años al lado de alguien a quien en realidad no conocían.

Salí de allí un poco nervioso. Decidí ir a la cafetería donde José me había hablado por primera vez de la Organización. El camarero, el mismo de aquel día, me dijo que ni José ni su amigo habían vuelto por allí.

Salí a la calle. Era un día de sol, aunque frío. Un niño se acercó a besarme la mano y poco faltó para que le diera una bofetada. Estaba triste y muy cansado. Me fui a casa a dormir. Cuando llegué, mi padre estaba en pijama. Lo había sorprendido en la cocina, tomándose un vaso de leche y observando con atención los armarios. Me dijo:

−¿Cuándo te irás, hijo?

−No sé, mañana o pasado.

−¿Por qué no te quedas conmigo?

−Tengo que seguir mi propia vida −dije, y salí de ahí sin mirarle.

IV

AL día siguiente, por la mañana, decidí visitar al padre Catalán, de la Secretaría para los no creyentes. Cogí un taxi y di la dirección de la tarjeta. Tardamos casi una hora en llegar. Creo que fuimos por la carretera de Toledo en dirección a Getafe o algún lugar próximo. Por fin, el taxi se paró delante de una antigua iglesia. Pagué y salí.

En el interior había un cura joven celebrando la misa. Decidí entrar en la sacristía y preguntar por el padre Catalán al primero que me encontrara. Enseguida alcancé una puerta que daba a un pasillo muy largo. Me quedé quieto unos segundos: el lugar no me era desconocido. Me pareció que estaba viviendo un sueño muy reciente. De repente me di cuenta de que era la sacristía donde había estado con José y el mecánico un año y medio antes.

Jamás podré describir lo que en ese momento sentí. Después de la sorpresa de los primeros minutos, tenía unas ganas enormes de gritar. ¿Podía ser que el padre provincial fuera de la Organización? Pasaron algunos segundos y no apareció nadie. Seguí por el pasillo y llegué a una habitación cerrada, de donde salían unas voces. Con mucho cuidado, aunque intentando andar con aire natural, me acerqué a la puerta y miré por el agujero de la llave. Esperaba encontrar al cura que me presentaron José y el mecánico en ese lugar, pero no estaba. Sentados alrededor de una mesa, fumando y discutien-

Letra muerta

Al día siguiente, por la mañana, decidí visitar al padre Catalán, de la Secretaría para los no creyentes. Cogí un taxi y di la dirección de la tarjeta. Tardamos casi una hora en llegar.

do, había cuatro o cinco hombres. Uno de ellos me daba la espalda. Cuando su cabeza giró para hablar con otro, mi corazón se llenó de alarma: era Seisdedos.

En los minutos siguientes pude ver que la persona más escuchada, la persona a la que todos miraban, era Seisdedos. No sabía qué hacer. Rápidamente, decidí volver a la sacristía. Por el camino, pensaba que con toda la información que estaba recibiendo podía volverme loco en cualquier momento. Sin embargo, llegué más o menos tranquilo a la sacristía y me senté a esperar. La misa estaba terminando.

Al rato entró el cura, pero ni siquiera me miró. Yo me puse de pie y dije:

—Perdón, estoy buscando al padre Catalán.

El cura salió y minutos después volvió con uno de los hombres que había visto en la reunión. Era el padre Catalán, una persona muy alegre y sencilla, mucho más alto que yo y más grande. Me saludó amablemente, me pasó un brazo por los hombros y me condujo al lugar de la reunión. La habitación estaba vacía, pero todavía quedaba en el aire el humo de los cigarrillos y las sillas seguían alrededor de la mesa. Nos sentamos. Dijo:

—Este sitio no es muy cómodo, pero no quieren darnos otro todavía. La Secretaría para los no creyentes no tiene apenas dinero, a pesar de la importancia de nuestro trabajo.

Como no sabía de qué me estaba hablando, me quedé callado.

—La dirección general de esta Secretaría está en Roma. Ellos nos dicen cuál es nuestro papel. Sin embargo, nosotros decidimos cómo hacemos las cosas. En nuestro trabajo es muy importante la imaginación. ¿Comprende usted?

Dije que sí, aunque no era cierto que comprendiera nada. Le ofrecí un cigarrillo y nos pusimos a fumar. El padre Catalán siguió hablando:

Letra muerta

–El caso es que en nuestro país el número de ateos* es cada vez mayor. Siempre ha habido ateos fuera de la Iglesia, pero lo grave es que ahora también están en las comunidades religiosas. Entiéndame, no se trata de los ateos típicos, sino de personas que están cansadas y que terminan por no creer en nada. Y eso hace mucho daño a la Iglesia.

Se calló un momento para mirar unas notas que tenía sobre la mesa.

–Usted –dijo– puede ser un buen lego, aunque no tenga fe. Nosotros estamos empezando a trabajar directamente con las comunidades religiosas. Nuestro trabajo es muy interesante, ya lo verá. Buscamos personas especiales, de enorme sangre fría; queremos personas que no hayan encontrado en la vida un motivo suficiente por el que luchar. No le diré más por el momento. Sé que acaba usted de perder a su madre y estará muy triste. Vuelva a su comunidad lo antes posible, esta tarde o mañana, y piense en lo que le he dicho. Ya me responderá dentro de algunos meses.

Se levantó, me levanté, fuimos hacia la puerta. Dije:

–¿Conoce usted a Seisdedos?

El padre Catalán sonrió y volvió a pasarme el brazo por los hombros.

–¿Qué le hace suponer que lo conozco?

No le dije que los había visto juntos.

–Mire, padre, no sé por qué, pero creo que ya he estado aquí otra vez, hace tiempo.

–Todos estos lugares se parecen mucho, hijo –fue su única respuesta.

Entre tanto habíamos llegado a la calle y allí intentó despedirme dándome la mano.

–¿Cómo podré comunicarme con usted? –quise saber.

–Haga lo que le recomiende su inteligencia.

Esa misma tarde puse un telegrama, cogí un tren y volví al seminario. El padre Ramírez me esperaba con la camioneta en la estación. Me dijo unas palabras amables sobre mi madre y subimos. Durante el camino no hablamos nada.

En cuanto llegué fui a ver a Seisdedos. Estaba en su casa, haciendo algo que no vi sobre la mesa. Me dijo que sentía mucho la muerte de mi madre y me invitó a sentarme. Me senté, lo miré largamente y dije:

—¿Ha tenido usted un buen viaje?

Me observó en silencio, duramente. Sacó una botella de vino y sirvió dos copas. Se acercó a mí. Dijo:

—Hay un tiempo para recibir información, un tiempo para entenderla y otro para dar la respuesta necesaria. Usted está en el primero de ellos. No vaya tan deprisa, hermano.

Sus palabras me asustaron. Salí de allí y me marché a mi habitación. Creo que me estaba volviendo un poco loco.

V

EN estos últimos días del mes de abril estoy aprendiendo a elegir los recuerdos. No quiero pensar más en la muerte de mi madre, ni en todo lo que ocurrió después. Pero voy a acabar de contar mi historia en las últimas páginas de este cuaderno, para terminar de manera correcta con esta clase de muerte suavizada que es mi letra. Con este comentario quiero decir que una cosa es mi vida y otra es esta letra. Y puesto que parece que debo elegir entre ser fiel[25] a mi vida o ser fiel a esta letra, elijo la segunda. Intentaré, pues, ser práctico en el relato de los últimos hechos. No permitiré, sin embargo, que este cuaderno deje de ser lo que son mis letras: un lugar desde el cual, a través de lo real, también se descubre la mentira escondida en el corazón mismo de las cosas.

Empezaré diciendo que hace un par de semanas el médico me comunicó que ya estaba curado; pero también me dijo que durante un tiempo tenía que descansar. Le hice caso. Sentí que mi cuerpo empezaba a dar una respuesta débil en dirección a eso que llamamos salud. Al principio no salía de mi habitación más que para ir a misa; luego volvía a la cama para coger fuerzas. Al poco, sin embargo, empecé a dar paseos cortos por los pasillos, parándome aquí y allí para observar algo o para cambiar algunas frases con el hermano Caso en la cocina; mientras él trabajaba, charlábamos de cosas sin importancia y, si miraba para otro lado, yo robaba chocolate que luego compartía con Jesús. Pronto me encontré ya más fuerte; y al mismo tiempo que ganaba fuerzas sentía que algo nuevo nacía en mí. Incluso debo decir que ni he fumado ni he bebido durante los meses en que he estado enfermo. La verdad es que gracias a la fiebre primero, y luego a la debilidad, llegué a encontrarme tan bien, tan cerca del vacío como con el tabaco y el alcohol. De todas maneras espero no volver a caer en esas malas costumbres que tanto daño hacían a mi mente y a mi salud.

También durante esos días en que me sentía mejor, mi cabeza se puso a funcionar. Tengo que reconocer que este cuaderno ha sido una gran ayuda; gracias a él, pude ordenar los hechos más importantes de los dos últimos años de mi vida. Así, lentamente, empecé a comprender una serie de cosas y se dibujó una idea. Aunque algunos de sus detalles me parecían increíbles, siempre llegaba al mismo resultado.

Cuando estuve completamente seguro de que mi idea podía ser cierta, decidí visitar a Seisdedos. Fui un día que hacía buen tiempo, ya que tengo que tener mucho cuidado ahora para no volver a caer enfermo. Creo que eran las doce del mediodía, porque mientras yo bajaba por la avenida los estudiantes subían hacia las clases. Me sentía alegre y optimista, como me suele ocurrir al principio de cada primavera.

Cerca del río había un par de hombres trabajando, pero ninguno era Seisdedos. Me saludaron y me dijeron que Seisdedos estaba en su casa. Llegué allí y entré. Todo estaba muy oscuro, pero enseguida vi su sombra sobre la mesa de trabajo.

—Buenos días, hermano Turis –dijo–; por fin se ha decidido a dar un paseo por aquí.

—Hoy me encontraba un poco más fuerte –respondí–, y como el día era bueno pensé que este paseo me iba a sentar bien.

Letra muerta

Me invitó a sentarme cerca de la mesa y él hizo lo mismo. Nos miramos los dos con la misma sonrisa falsa. Durante unos minutos seguimos hablando de cosas poco importantes. Después de un rato dije:

—Mire, Seisdedos, creo que pronto estaré bien. Para entonces me gustaría tener las cosas claras. Estoy seguro de que dentro de algún tiempo usted podrá conseguirme una cita con el padre Catalán. Pero antes quiero saber qué estoy haciendo en esta comunidad y en la Iglesia en general. No quiero seguir equivocándome como hasta ahora. He pensado mucho en todo esto mientras he estado enfermo. Por eso voy a contarle mi historia y quiero que usted me diga si es cierta o no.

—Usted dirá, pero deje que me sirva primero un vaso de vino. ¿Le pongo algo a usted?

—No, gracias. Ya no bebo.

Se levantó, se sirvió el vaso de vino y volvió a sentarse. Entonces dijo:

—Le escucho.

—Verá usted —comencé—; cuando yo era funcionario entré en una Organización secreta. Al principio hice algunos pequeños trabajos sin importancia. Llevaba paquetes de un sitio a otro, o me comunicaba con otras personas como yo. Después de algún tiempo, la Organización me propuso entrar como religioso en esta Orden. La idea era llenar la Iglesia de compañeros. Hice el noviciado, como usted sabe, y me mandaron a este seminario. Desde que estoy aquí no he tenido noticias de la Organización. He pasado unos meses horribles, porque además he perdido a mi madre. Y no sólo eso: también he perdido el rencor que me hacía vivir. En fin, no le aburriré con mis problemas. Ahora le explico lo que pienso: creo que no hay ninguna Organización. Creo que en realidad la Organización es una parte de la Iglesia. La Secretaría para los no creyentes

60

busca personas como yo; personas con un resentimiento que no tiene solución. Nos cogen y nos preparan como quieren. Cuando nos damos cuenta del engaño es tarde. Ya no podemos volver al mundo porque no queda allí ningún lugar para nosotros.

Me callé porque estaba a punto de llorar; hasta ese momento nunca había dicho lo que pasaba por mi cabeza. Entonces Seisdedos encendió un cigarrillo y me dijo:

–Su historia es bastante exacta. Pero no es necesario que la cuente con tanta emoción y tanto miedo. Usted es cobarde. Siempre ha querido hacer algo prohibido, pero sin riesgo para sí mismo. Aquí, dentro de la Iglesia, lo podrá hacer, y sin peligro alguno para usted. No trabajará como terrorista, sino que trabajará para la Iglesia. Comprenda una cosa, hermano: ni usted, ni el padre superior, ni el provincial, ni yo mismo somos importantes; lo importante es el lugar que ocupamos dentro de la Iglesia. Acepte eso y aceptará también que ha encontrado entre nosotros su lugar. Y no tenga prisa por hablar con el padre Catalán. Acaba usted de saber algo muy importante. A partir de ahora, y durante bastante tiempo, se preparará para su nuevo trabajo.

Me levanté, porque seguía a punto de llorar. Pero antes de alcanzar la puerta conseguí hacerle una pregunta:

–Dígame una cosa, Seisdedos: ¿sabe alguien de la comunidad todo esto?

–No. Sólo usted y yo lo sabemos. Los curas de aquí son unos locos que no hacen otra cosa que obedecer las órdenes del padre provincial. Él sí está en el asunto. De todas maneras, los curas han hecho un buen trabajo con usted.

–Gracias.

Volví a mi habitación y lloré un rato, quizás no tanto por haber descubierto la verdad, por fin, sino porque me encontraba débil todavía. Lo cierto es que me sentía muy tranquilo. Aceptaba que mi aspecto y mi realidad eran lo mismo y me quedé dormido.

Letra muerta

Por la noche vi a Jesús. Le di chocolate y pan. Mientras comíamos le pregunté:

–¿Dónde querrás que te manden cuando seas mayor? ¿Cuando hayas terminado los estudios y seas cura?

–Aquí, para seguir viéndote.

SOBRE LA LECTURA

Para comprobar la comprensión

PRIMERA PARTE
I

1. ¿Cómo era el narrador hace dos años? ¿En qué trabajaba?
2. ¿Dónde está ahora? ¿Está muy claro por qué está allí?
3. ¿Cómo se siente? ¿Mejor o peor que antes?

II

4. ¿Por qué quería hablar el padre superior con el hermano Turis? ¿Qué actitud adopta este?
5. ¿Por qué no quieren al hermano Turis en el seminario?
6. Según el padre superior, ¿qué le ocurre al hermano Turis? ¿Qué le ocurre en realidad?
7. ¿Qué piensa Turis de Seisdedos?
8. ¿Qué dijo de Seisdedos el padre ecónomo?

III

9. ¿Quién es José? ¿Lo sigue viendo el hermano Turis?
10. ¿Qué quería José que hiciera Turis? ¿Se dejó este convencer enseguida?
11. ¿Qué es la Organización?

IV

12. ¿Por qué razón «oficial» fue Turis a la ciudad? ¿Qué quería hacer además?

Letra muerta

13. ¿Qué sintió mientras caminaba por la ciudad? ¿Cómo interpreta sus sentimientos de entonces?

14. ¿Qué le pedía a su madre en la carta? ¿Cuál era su intención?

V

15. Últimamente, ¿cómo consigue Turis más cigarrillos?

16. Hoy, sin embargo, ha ocurrido algo diferente. ¿Qué ha sido? ¿Cómo ha reaccionado Turis?

17. Los curas le habían dicho que Seisdedos había llegado al seminario durante la Guerra Civil. ¿Cómo reaccionó Turis al comprender que no era verdad?

18. ¿Qué piensa Seisdedos del hermano Turis?

VI

19. ¿Quién es Jesús? ¿Qué siente Turis por él?

20. ¿Quién es el padre Beniopa? ¿Por qué lo ha elegido el hermano Turis? ¿Cómo es su relación con él?

21. ¿Por qué teme ahora Turis la llegada del telegrama?

22. ¿Qué cree el hermano Turis que ha pasado con la Organización? ¿Lo entiende todo?

VII

23. Según lo que explica José, ¿qué es lo que la Organización quiere conseguir? ¿Qué tipo de trabajos realiza?

24. Después de entrar en la Organización, Turis realizó unos trabajos menores hasta que llegó un día importante. ¿Adónde llevaron José y el mecánico a Turis aquel día?

25. ¿Qué explicaron a Turis allí? ¿Qué plan le propusieron?

26. Turis aceptó el plan y los principios fueron agradables para él. ¿Cuándo y por qué empezó Turis a sentirse peor?

VIII

27. ¿De quién esperaba Turis un telegrama? ¿De quién lo recibe? ¿Qué dice el telegrama?

28. ¿Cuándo olvidó Turis su habitual actitud humilde ante el padre superior?

29. ¿Por qué se siente culpable Turis?

SEGUNDA PARTE
I

30. ¿Por qué cree Turis que el padre Cabrera ha sido agresivo con él?

31. ¿Qué le dijeron a Turis cuando llegó a Madrid?

32. Antes de morir, la madre de Turis le habló de sus sentimientos hacia él. ¿Qué comprendió entonces este?

II

33. ¿Qué enfermedad tiene Turis? ¿Por qué tiene miedo?

34. ¿Por qué se enfadaron con él el superior y el ecónomo?

35. Según Jesús, ¿desde cuándo está Seisdedos en el seminario?

III

36. ¿Qué le preguntó el padre provincial al hermano Turis cuando habló con él en Madrid? ¿Qué contestó este?

37. ¿Qué ha pasado con José?

IV

38. Turis fue a la Secretaría para los no creyentes. ¿Conocía ya el sitio? ¿A quién reconoció allí?

39. ¿Cuál es el papel de la Secretaría?

40. ¿Qué clase de personas busca la Secretaría?

V

41. ¿En qué ayudó su cuaderno a Turis?

Letra muerta

42. Turis contó su historia a Seisdedos y al final le explicó lo que pensaba de la Organización. ¿Qué le dijo?

43. ¿Qué contestó Seisdedos?

44. ¿Quién conoce toda la historia además de Seisdedos?

45. ¿Qué hará Turis en el futuro?

Para hablar en clase

1. ¿Crees que una historia como esta puede ocurrir en la realidad?

2. ¿Qué piensas de Turis? ¿Te parece simpático o antipático? ¿Crees que en la vida real hay personas como él? ¿Qué aspectos de su personalidad te parecen más fáciles de encontrar?

3. En tu opinión, ¿cuál debe ser el papel de la Iglesia hoy en día?

4. ¿Crees que en algún sistema político tienen sentido las organizaciones terroristas?

NOTAS

Estas notas proponen equivalencias o explicaciones que no pretenden agotar el significado de las palabras o expresiones siguientes, sino aclararlas en el contexto de *Letra muerta*.

m.: masculino, *f.:* femenino, *inf.:* infinitivo.

Letra muerta: las **letras** (*f.*) son los signos que representan gráficamente los sonidos utilizados para hablar. La expresión se refiere aquí al cuaderno en el que el protagonista escribe su historia. Él mismo llama así su texto porque no está escrito para ser leído por nadie. Es un texto sin futuro que solo sirve para ayudar al hermano Turis —el mismo protagonista— a entender su propia vida.

[1] **abdomen** *m.:* parte anterior del cuerpo, situada debajo del pecho.

[2] **rencor** *m.:* sentimiento de antipatía hacia una persona por el recuerdo de un daño o de una ofensa que esta ha hecho, queriendo o sin querer. Aquí, **odio** (ver nota 3) hacia todo.

[3] **odio** *m.:* sentimiento muy fuerte de antipatía hacia una persona que lleva a desearle o causarle daño y a alegrarse de sus desgracias; también, sentimiento de fobia, horror hacia algo.

[4] **resentimiento** *m.:* **rencor** (ver nota 2).

[5] **funcionario** *m.:* persona que pertenece a un cuerpo de la administración pública.

[6] **Organización** *f.:* grupo de personas formado y organizado para defender ciertos intereses y realizar acciones en contra de los intereses contrarios.

[7] **velas** *f.:* objetos formados por un material graso que envuelve una pequeña cuerda a la cual se prende fuego para dar luz.

[8] **lavandería** *f.:* lugar donde se lava, seca y plancha la ropa.

[9] **gesto** *m.:* movimiento de la cara o de las manos que, en general, expresa algo: el humor, un sentimiento, etc.

Letra muerta

[10] **humilde:** que, por tendencia natural o en alguna ocasión particular, adopta actitud de persona inferior.

[11] **Guerra Civil** *f.:* guerra interior que sufrió España durante los años 1936 a 1939 y que dividió a los españoles entre partidarios de la República (gobierno establecido) y partidarios del fascismo (sublevados). Ganaron la guerra estos últimos, con el general Franco a la cabeza.

[12] **peluca** *f.:* pelo falso que las personas se ponen para ocultar la falta de pelo o para cambiar de aspecto.

[13] **relato** *m.:* acción de contar algo y su resultado: el texto escrito.

[14] **espía** *m.:* persona que observa o escucha algo escondiéndose, para conseguir información secreta y comunicarla a un país extranjero o a alguna parte interesada.

[15] **terrorista** *m.:* persona que pertenece a una organización política que realiza actos de violencia (matar, destruir, etc.) para asustar a la gente y crear un clima de inseguridad favorable a sus planes.

[16] **fingía** (*inf.:* **fingir**): hacía creer a los demás algo que no era verdad, daba a entender con palabras, gestos o acciones algo distinto a la realidad, mentía.

[17] **venganza** *f.:* acción y efecto de contestar a una ofensa o un daño recibido causando otra ofensa o daño a la persona que se considera culpable de ello.

[18] **democracia** *f.:* sistema político en el que el pueblo elige y controla a las personas que lo gobiernan.

[19] **buitres** *m.:* pájaros que se alimentan principalmente de animales muertos. Sus grandes alas les permiten volar a gran altura y localizar el alimento.

[20] **zoológico** *m.:* lugar con jardines y espacios preparados para que vivan en ellos animales salvajes o poco comunes y puedan ser vistos por el público.

[21] **papel mojado** *m.:* documento, escrito, etc., al que no se da ningún valor.

[22] **hepatitis** *f.:* enfermedad del hígado, causada generalmente por un virus. Produce fiebre, cansancio y, normalmente, un color amarillo en la piel.

[23] **inyecciones** *f.:* medicamento líquido que se introduce en el cuerpo con una aguja especial.

[24] **Secretaría** *f.:* sección de una organización que se ocupa de los asuntos administrativos.

[25] **fiel:** que no falta a sus promesas o compromisos, no cambia en sus opiniones o sentimientos; también, sincero, exacto.

GLOSARIO RELIGIOSO

Las palabras explicadas aquí van señaladas en el texto con un asterisco (*) con el fin de facilitar la lectura. En este vocabulario se indica el género de las mismas: *m.:* masculino, *f.:* femenino.

ateos *m.:* personas que no creen en Dios.

capilla *f.:* pequeña iglesia o lugar destinado al culto en determinados lugares, un establecimiento religioso o centro de enseñanza, por ejemplo.

celda *f.:* habitación o cuarto pequeño en un convento (o en una cárcel o en un colegio).

creyentes *m.:* personas que creen en Dios.

comunidad (religiosa) *f.:* grupo de personas con intereses y/o bienes comunes que viven juntas y pertenecen a una misma orden religiosa.

director espiritual *m.:* cura que aconseja a una persona en materia de religión y de moral, y a quien esta persona cuenta sus problemas y dudas.

Evangelio *m.:* historia de la vida y de las enseñanzas de Jesucristo.

fe *f.:* hecho de creer en algo ciegamente, sin que su existencia esté probada, especialmente en materia religiosa.

hermano *m.:* persona que pertenece a ciertas órdenes religiosas, y, en algunas, no necesariamente un sacerdote. Manera de llamarlo y de llamarse entre ellos.

hermano lego *m.:* persona que pertenece a una orden religiosa católica pero que no es cura.

Iglesia *f.:* aquí, Iglesia católica, conjunto formado por todos los religiosos (curas, etc.) que tienen una misma fe y algún cargo en esta institución.

Letra muerta

noviciado *m.:* tiempo durante el cual se prepara a las personas que quieren entrar en una orden religiosa.

oraciones *f.:* palabras que se dirigen a Dios, la Virgen o los santos para pedir o dar las gracias por algo.

Orden Religiosa *f.:* organización de carácter religioso formada por personas que viven en comunidad y siguen unas reglas determinadas.

padre *m.:* manera de llamar o de llamarse entre sí los sacerdotes de esta categoría.

padre ecónomo *m.:* persona, cura que se ocupa de la administración material del seminario, del dinero que entra o sale.

padre provincial *m.:* director de todas las casas de una misma Orden Religiosa en una provincia.

padre superior *m.:* director de una casa de una Orden Religiosa, jefe de una comunidad religiosa.

religioso *m.:* persona que ha entrado en una Orden Religiosa y promete aceptar su modo de vida.

rezábamos (*inf.:* **rezar**): hablar con Dios, la Virgen o los santos para pedir o dar las gracias por algo. Los **rezos** (*m.*) u **oraciones** son el resultado de la acción de **rezar** y las palabras que se dicen.

sacristía *f.:* lugar en las iglesias donde se guardan las ropas y los objetos que se utilizan en la misa.

seminario *m.:* centro religioso católico donde estudian y se preparan los jóvenes que quieren ser curas. A estos se les llama **seminaristas** (*m.*).

sotana *f.:* vestido negro y largo, abotonado delante de arriba abajo, que tradicionalmente llevan los curas.

Títulos ya publicados de esta Colección

Nivel 1

¡Adiós, papá! ÓSCAR TOSAL
El misterio de la llave. ELENA MORENO
La sombra de un fotógrafo. ROSANA ACQUARONI
Soñar un crimen. ROSANA ACQUARONI
Una mano en la arena. FERNANDO URÍA
Mala suerte. HELENA GONZÁLEZ VELA y ANTONIO OREJUDO
El sueño de Otto. ROSANA ACQUARONI

Nivel 2

El hombre del bar. JORDI SURÍS JORDÀ y ROSA MARÍA RIALP
En piragua por el Sella. VICTORIA ORTIZ
La chica de los zapatos verdes. JORDI SURÍS JORDÀ
La ciudad de los dioses. LUIS MARÍA CARRERO
El libro secreto de Daniel Torres. ROSANA ACQUARONI
Asesinato en el Barrio Gótico. ÓSCAR TOSAL
El señor de Alfoz. M.ª LUISA RODRÍGUEZ SORDO
De viaje. ALBERTO BUITRAGO
* *La corza blanca.* GUSTAVO ADOLFO BÉCQUER
* *Rinconete y Cortadillo.* MIGUEL DE CERVANTES

Nivel 3

* *Don Juan Tenorio.* JOSÉ ZORRILLA
* *El desorden de tu nombre.* JUAN JOSÉ MILLÁS
* *La Cruz del Diablo.* GUSTAVO ADOLFO BÉCQUER
* *Marianela.* BENITO PÉREZ GALDÓS
* *La casa de la Troya.* ALEJANDRO PÉREZ LUGÍN
* *Lazarillo de Tormes.* ANÓNIMO
El secreto de Cristóbal Colón. LUIS MARÍA CARRERO
Pánico en la discoteca. FERNANDO URÍA

Nivel 4

Carnaval en Canarias. FERNANDO URÍA
* *El oro de los sueños.* JOSÉ MARÍA MERINO
* *La tierra del tiempo perdido.* JOSÉ MARÍA MERINO
* *Las lágrimas del sol.* JOSÉ MARÍA MERINO
* *La muerte y otras sorpresas.* MARIO BENEDETTI
* *Letra muerta.* JUAN JOSÉ MILLÁS
* *Sangre y arena.* VICENTE BLASCO IBÁÑEZ

Nivel 5

* *Pepita Jiménez.* JUAN VALERA
* *Aire de Mar en Gádor.* PEDRO SORELA
* *Los santos inocentes.* MIGUEL DELIBES

Nivel 6

* *Los Pazos de Ulloa.* EMILIA PARDO BAZÁN
* *La Celestina.* FERNANDO DE ROJAS
* *El Señor Presidente.* MIGUEL ÁNGEL ASTURIAS

* *Adaptaciones*